¿DÓNDE ESTÁ MI OTRO TALENTO?
Samuel Rivera

¿Dónde está mi otro talento? ©
Autor: Samuel Rivera
Prólogo: Raúl Tola Pedraglio
Fotografía de portada de Casasola Editores.

Primera Edición: Washington DC, Casasola LLC, 2019.
81 pág. 5 x 8 pulgadas
ISBN-13: 978-1-942369-34-9
ISBN-10: 1-942369-34-4

Casasola LLC ®
1619 1st St NW, Apt C Washington, DC 20001
Apartado postal 2171, Tegucigalpa, Honduras

www.casasolaeditores.com

***

No está permitida la reproducción total o parcial de este libro, ni su tratamiento informático, ni la transmisión de ninguna forma o por cualquier otro medio, ya sea electrónico, mecánico, por fotocopia, por registro u otros métodos, sin el permiso previo y por escrito de los titulares del copyright.

¿Dónde está mi otro talento?

Samuel Rivera

Samuel Rivera (Lima, Perú. 1971)

Periodista, empresario y escritor. Lleva 18 años como profesional en la industria del periodismo televisivo en Estados Unidos.
Ha obtenido dos Premios Emmy el 2007 y el 2009. El 2014 ganó el premio a «Mejor Cobertura de Noticia de Último Minuto» entregado por Colorado Broadcasters Association.
Destacó por nueve años como reportero de Telemundo Nueva York, entre sus trabajos están la cobertura de la noticia del siglo: «El atentado terrorista a las Torres Gemelas (World Trade Center)» el 11 de Septiembre del 2001 y las elecciones presidenciales de Estados Unidos de 2004, 2008 y 2016.
Actualmente es presentador de Noticias Univisión, Tampa Bay.

PRÓLOGO

CONOCÍ A SAMUEL RIVERA HACE VEINTE AÑOS. Éramos parte de la primera promoción de jóvenes periodistas de un canal de noticias por cable que comenzaba su andadura en el Perú, país de donde provenimos. A diferencia de mí, que vivía mi primera experiencia en televisión, Samuel ya era un reportero curtido, especializado en la cobertura de grandes manifestaciones, peleas de pandilleros y convulsiones sociales. A pesar de su juventud, había desarrollado un instinto especial para soportar empujones, esquivar piedras y tolerar bombas lacrimógenas sin conmoverse, manteniéndose siempre ecuánime, robando entrevistas al paso e informando a los espectadores aquello que necesitaban saber.

Nuestra amistad comenzó en esos años. Eran tiempos muy turbulentos para el Perú. El gobierno del presidente Alberto Fujimori se caracterizaba por la censura a los medios de comunicación, la represión de las libertades ciudadanas y una corrupción galopante. El trabajo que realizamos desde aquella señal de cable casi clandestina, informando aquello que la mayor parte de la prensa callaba contribuyó a la caída del régimen y a la recuperación de la democracia peruana.

Con Samuel conversábamos mucho de aquello que estábamos viviendo. Éramos testigos privilegiados de hechos históricos que, aún hoy, me parecen increíbles. Poco después, partió a los Estados Unidos, donde formó una familia y prosiguió su carrera periodística como reportero y presentador, donde ha destacado gracias a su talento, sensibilidad y calidad humana.

Todas las vivencias de una vida intensa, que ha conocido las cumbres del éxito y las honduras de la dificultad, moviéndose de la selva peruana a la dura ciudad de Lima, de Nueva York a Denver y luego a Orlando, en un proceso de permanente transformación, están plasmadas en *¿Dónde está mi otro talento?*. En este libro, que combina la sinceridad de unas memorias con la utilidad de un texto de autoayuda, Samuel compendia aquellas vivencias, aprendizajes y reflexiones que le han permitido alcanzar ese propósito en apariencia imposible que es el éxito.

En su caso, este concepto impreciso y escurridizo tiene una dimensión muy personal. Consiste en exprimirle el máximo provecho posible a los talentos que poseemos, sin temerle a ir contra la corriente, a ser distinto, extravagante o contestatario. Es la receta que el propio autor aplicó en su vida, que le ha permitido remontar las adversidades que aparecieron en el camino y alcanzar una envidiable plenitud familiar y profesional. *¿Dónde está mi otro talento?* es un testimonio de su capacidad de resiliencia, de su insaciable curiosidad, su envidiable energía y su entusiasmo contagioso. Para él los logros son solo marcas en el camino, lo importante es seguir adelante, con nuevos y ambiciosos proyectos, que reten sus capacidades y lo remuevan de su zona de confort.

Si algo echo en falta en este libro es lo relativamente poco que insiste en una dimensión que, quienes lo conocemos, sabemos que es central en su vida: la ética. Hombre de fe, de palabra, persona honrada como pocas y uno de los mejores amigos que se puede tener, no conozco otra persona que tenga la autoridad de Samuel Rivera para hablar de las virtudes que componen una persona de bien, de esas que son tan escasas y necesarias para un mundo mejor. Lo bueno es que con ese material podrá escribir otro libro con el que se disfrute y aprenda tanto como *¿Dónde está mi otro talento?*

Raúl Tola Pedraglio
Escritor y Novelista
Madrid, marzo de 2019.

Para mis tres mosqueteros:
Amaris, Alanie y Ademar.

Y para quien me enseñó a ver la vida de manera distinta, ganadora y con la fuerza que hay en mí:
Karina Rivera.

INTRODUCCIÓN

¡GANADOR Y JOVEN!

Es complicado ver que cada día son más las personas que viven insatisfechos con lo que hacen, que van buscando solamente el sueño de vivir «financieramente tranquilos», y la conclusión a la que llego es que al final son solo eso, «soñadores».

Yo también pasé por eso, pero un día desperté. Y no me arrepiento. Debo confesarles, sí, que me remuerde el no haber «despertado» joven, o no haber tenido a alguien que me despertara antes.

Otra de las conclusiones a las que llegué es que este pensamiento y experiencia de vida se debe vitalizar con los jóvenes.

Es ahí el secreto del éxito, en lo que les plantearé en este libro.

Si eres joven esto es para ti. Espero que el mundo y tu forma de verlo cambie, precisamente, porque ese cambio te llevará a vivir feliz contigo mismo y tranquilo económicamente en el futuro.

Quizá te preguntes: ¿Por qué debería pensar en mi felicidad si soy feliz? o ¿Por qué debería preocuparme por mi futuro financiero si aún estoy joven? Te lo planteo de esta manera: preocúpate y desde ahora porque de eso depende tu éxito personal.

No te digo que el dinero es la felicidad absoluta. Pero si te llenará el pecho de orgullo y satisfacción que logres el éxito por la alta dosis de disciplina, perseverancia, creatividad y hallazgo de tus talentos que inculcarás en ti.

El éxito financiero no es solo saber cómo hacer dinero, sino qué hacer con el dinero; de hecho, lograrlo tendrá como resultado lo que te mencioné renglones arriba.

Contrario a lo que muchos piensan, el éxito financiero o el ser exitoso con el dinero no te llena de avaricia, ni de ambición mal sana, ni de prepotencia… te llena de disciplina. Porque si hay algo que es difícil de manejar es el dinero. Precisamente «domar al dinero y plasmar tus talentos» es cuestión de disciplina. Y la disciplina sólo te lleva a un lugar, al éxito.

¡Emprendamos el viaje a tu éxito!

«El árbol era yo y el rayo era la milenaria pregunta: ¿qué más puedo hacer con mi talento?»

EL IMPACTO DE UN RAYO

ESTAR SENTADO EN EL SOFÁ DE LA SALA HIZO que la vida la viera en fracción de segundos como un rayo impactando el árbol de una casa. Claro, el árbol era yo y el rayo era la milenaria pregunta ¿qué más puedo hacer con mi talento?

Por años estaba disfrutando del éxito profesional, un solo talento en acción: hacer periodismo. Pero llegué al punto en mi vida en que no le encontraba sentido a hacer otra cosa.

La rutina era simple, levantarse, preparar a los chicos para la escuela, llevarlos, regresar a casa, caminar a los perros, llamada de conferencia para coordinar las noticias y listo.

Una rutina bien estudiada y llena de éxito en cada una de ellas. Sobretodo en la de caminar a mis dos perros. ¡Que más se podía pedir!

Era una vida perfecta. Sin embargo no todo era perfecto.

«El sabor de sentir que lo que soñaste ser y hacer, no son más parte de ti, es tan amargo como el sorbo de un café bien cargado sin azúcar».

CÓMETE ESE MONSTRUO Y ¡LISTO!

LA ÚLTIMA VEZ QUE SUPE QUÉ HACER CON MI vida fue el día que me gradué de la Universidad. No tenía mucho para pensar, era periodista graduado con honores. El estudiante más sobresaliente de la clase. Así que lo único que quedaba era comerme ese monstruo llamado «mundo» para conquistar mis sueños, ser el mejor, hacer dinero y vivir cómodo.

Pero no tardé mucho en encontrar esta verdad: ¡el mundo no es un monstruo fácil de comer!

Por un no se qué, nos olvidamos de la conquista con la que soñamos y pasamos a ser parte de la rutina profesional. La misma que te hace sentir que estas tan lleno de éxito que no hay nada más que hacer.

Los sueños de conquistar el mundo, domar al monstruo y devorarse todo lo que esta a nuestro paso, se disiparon como el humo de un cigarrillo.

El sabor de sentir que lo que soñaste ser y hacer, no son mas parte de tí, es tan amargo como el sorbo de un café bien cargado sin azúcar. Se que muchos lo toman así, pero pocos podrán decir que es placenterlo.

Así es la vida dentro de la rutina, así es el éxito dentro de la rutina. No es complicado experimentarlo. Todo está diseñado para que así sea.

Pero ¿dónde está la clave para "sacarle la vuelta" a todo esto? Es un pensamiento simple pero que se nos olvida y que esta ahí, pero no lo hacemos: «Los sueños sin acción, son solo sueños, no se vuelven realidad».

«En el vagón de la vida hay tres puntos que aparentemente te dan solidez: el ser profesional, un buen trabajo y un buen salario».

PASAJERO DE LUJO SIN RUMBO

EL TREN SALÍA TEMPRANO. EN MEDIO DEL FRÍO una taza de café bien caliente era ideal para matar las bajas temperaturas del invierno y una donut era lo mejor para endulzar los momentos insípidos de la vida.

En el vagón de la vida hay tres puntos que aparentemente te dan solidez: el ser profesional, un buen trabajo y un buen salario.

Y si nos ponemos a pensar, el 90 por ciento de las personas, logramos esto en nuestras vidas, pero ¿por qué entonces sientes, sentimos que no es suficiente?

Desde que logré estas 3 cosas que aparentemente te dan solidez, me he sentido como un pasajero de lujo sin rumbo. Hay momentos en la vida en que si lograste algo que aparentemente es lo mejor, no te satisface. Es terrible decirlo pero también suele pasarle al 90 por ciento de las personas.

En el recorrido de la vida se suele ver que de pronto nos dormimos porque pensamos que todo está bien, porque aparentemente, nos enseñaron a ver que todo está bien y el sistema está diseñado para que lo veamos así.

Pero ¿por qué despertar tan tarde de ese sueño? No deberíamos despertar como yo, a los 45 años. Es más, ¿por qué dormirse?

Siempre está presente el siguiente pensamiento: ¡Si podría regresar a mis 20 con la experiencia de vida de mis 50!

¡Woouuu!... eso sí que sería increíble. Toda mi sabiduría de la vida plasmada en la implacable destreza de mi juventud. ¡Me comería el mundo!

«En la vida, la toma de decisiones es como estar en la boca del lobo. Muchos te gritarán que no entres, otros te dirán que lo hagas, que no pasa nada. Pero al final del día quién decide eres tú».

EN LA BOCA DEL LOBO

¡JAMÁS TE ACERQUES A ESA CUEVA! ASÍ como me gritaba mi abuelo, cada vez que le iba a visitar en el centro de la selva. El pueblo estaba a las orillas de un río y en las faldas de una gigantesca montaña plagada de frondosa vegetación.

Había una cueva a la que llamaban la «boca del lobo». De lejos la entrada era similar a la boca de un lobo y de manera agreste emergían en la parte superior e inferior de las paredes una especie de colmillos, eran rocas no uniformes como estalactitas, pero de piedra sólida. El nombre que dieron a la cueva era perfecto.

Jamás ingresé en las 30 veces que la visite. Nunca conocí como era la «boca del lobo» por adentro.

En la vida, cuando uno es joven, siempre quiere estar frente a la boca del lobo porque nos gustan los desafíos. Muchos ingresan. Algunos se arrepienten y otros no.

Lo cierto es que, en la vida, la toma de decisiones es como estar en la boca del lobo. Muchos te gritarán que no entres, otros te dirán que lo hagas, que no pasa nada. Pero al final del día quien decide eres tú.

A lo largo de mis días, siempre he tenido que enfrentarme a la boca del lobo. A veces he ganado, a veces me he arrepentido.

Hay varias «bocas de lobo» en nuestras vidas, en la sociedad, pero hay dos que devoran sin clemencia, el conformismo y las finanzas. Si no sabes cómo enfrentarlas sabiamente, serás devorado y el final será trágico.

«En esta sociedad nos enseñaron a ser ganadores del montón y no perdedores únicos, para ser ganadores únicos».

AQUÍ NO VALE PERDER

¡NO PIERDAS EL BALÓN!... ¡ESTAMOS atacando!… ¡vamos muchacho sigue, sigue, esconde el balón!

El entrenador era incansable, siempre me hacía sentir que estaba respirándome en el hombro, lo suficiente como para incomodarme.

En esta sociedad si pierdes, no sirve. Aquí no vale perder. Desde pequeños nos enseñan que debes ganar. Y no esta mal. El problema es que nunca nos enseñan a perder y por eso es que terminamos siendo como el montón. Siempre terminamos siguiendo a los demás, aunque estén equivocados, y es que nuestra reflexión lógica es: «si la mayoría lo hace, pues debe estar bien». Así pensamos. Así nos entrenaron.

Si nos enseñaran a perder, nos daríamos cuenta de nuestras debilidades, nos desafiarían a superar nuestras limitaciones y no trataríamos de seguir a la manada. Seríamos más autorreflexivos.

Lamentablemente en esta sociedad nos enseñaron a ser ganadores del montón y no nos enseñaron a ser perdedores únicos, para ser ganadores únicos.

Más adelante, en los capítulos siguientes, te darás cuenta a que me refiero con «aprender a ser perdedores únicos, para ser ganadores únicos».

Lo curioso de todo esto, es que en la vida, los grandes ganadores siempre fueron los perdedores más sobresalientes.

En la sociedad, el diseño esta hecho para que finalmente terminemos en «grandes perdedores», porque es conveniente.

En mi carrera como entrevistador político me di cuenta que quienes diseñan la «forma del juego» son los que han aprendido a ser ganadores del montón para ser perdedores del montón.

«Muchas veces el estar enfocado, nadar contra la corriente, no ser un ganador del montón y ser un perdedor único, te lleva a ser el mejor del mundo».

EL PRIMER HOMBRE PERRO

ESTAVA SENTADO FRENTE AL TELEVISOR viendo un partido entre Barcelona y Real Madrid y me enfoque en el mejor jugador del mundo, su nombre es Lionel Messi. Todos lo miraban jugar yo lo miraba no caer. Y no me fijaba en sus jugadas, me fijaba en los intentos de sus oponentes por hacerlo caer. Ahí me acordé de un poema que leí y escuché. Se trataba del poema del argentino Hernán Casciari titulado «Messi es un perro». En algunos de sus párrafos decía así:

«No podía dejar de mirarla, no importaba a que velocidad moviera la esponja yo con la mano el cogote de «Totín» se trasladaba idéntico por el aire, sus ojos se volvían japoneses, atentos, intelectuales. Igual que los ojos de Messi cuando agarra la pelota.

Messi se convierte en la mirada escrutadora de Sherlock Holmes. Descubrí hace poco que Messi es un perro, o mejor: un hombre perro, Messi es el primer perro que juega al futbol.

No entiende las reglas del fútbol, por eso no se tira cuando lo traban, por eso no se queja, los perros no fingen zancadillas cuando ven venir un Citroen. No se quejan con un arbitro cuando se les escapa un gato por la medianera, no buscan que le saquen doble amarilla al sodero.

En los inicios del futbol, los humanos también eran así. Iban detrás de la pelota y nada más, no existían las tarjetas de colores, no existía la posición adelantada, no existían la suspensión después de 5 amarillas, no existían «los goles de visitantes valen doble». Antes se jugaba como juega Messi, y mi perro totín.

Entonces un día aparece un chico enfermo, un chico rosarino con capacidades diferentes, inhabilitado para decir dos frases seguidas, visiblemente antisocial, incapaz de todo lo relacionado con la picaresca. Pero con un talento asombroso, para mantener en su poder algo redondo e inflado y llevarlo hasta el tejido de red al final de una llanura verde.

Si lo dejaran, no haría otra cosa, llevar esa esfera blanca a los 3 palos todo el tiempo. Como Sísifo, una y otra vez».

Lo que quiero decirte con esto es que muchas veces el estar enfocado, nadar contra la corriente, no ser un ganador del montón y ser un perdedor único, te lleva a ser el mejor del mundo. Piensa en el poema de Casciari mientras sigas leyendo este libro. Al final entenderás, porque no ser parte del montón, te hace único.

«Los sueños sin una planificación sabia, acertada y enfocada se irán directamente al hoyo de lo irrealizable y se pueden convertir en tu peor enemigo, aquel que te puede vencer...».

¡ACTIVA LA MÁQUINA QUE HAY EN TI!

¿DÓNDE ESTÁ LA CLAVE PARA «SACARLE la vuelta» a todo esto? Siempre he terminado haciéndome esta interrogante. Es una buena forma de ver lo que se nos presenta en frente. En la vida siempre buscamos la respuesta obvia a cualquier interrogante.

Aún recuerdo cuando de joven me preguntaron ¿qué quieres ser cuando seas grande? Y yo les dije: «tener todo el dinero del mundo». De ahí en adelante la fantasía no tenía límites.

¡Activar la máquina que hay en ti!, es un pensamiento simple, pero que se nos olvida. Esta ahí, pero no lo hacemos.

Hoy te puedo decir que hay algo que hay en ti que

debes poner en práctica y se trata de los sueños, tus sueños. Sin importar tu edad. Nunca es tarde. Aunque para algunos es temprano y eso es lo mejor de todo esto. Si estas en tus 18, es el mejor tiempo para empezar a construir tus sueños.

Pero recuerda que «los sueños sin acción, son solo sueños, no se vuelven realidad».

Se que lo que te acabo de decir suena algo así como: ¡no seas un aguafiestas! o ¡qué manera de arruinarlo todo!
Pero es mejor ser sincero que un maquillador de sueños.

Vayamos a analizar en fragmentos breves los que te acabo de decir en relación a los sueños. Lo primero que debes pensar es que de tí depende hacer realidad tus sueños, pero hay una parte importante y que es invisible en mi análisis de «los sueños sin acción, son solo sueños, no se vuelven realidad»; pero quiero que ahora sean visibles a ti.

Los sueños sin una planificación sabia, acertada y enfocada se irán directamente al hoyo de lo irrealizable y muchas veces se pueden convertir en tu peor enemigo, aquel que incluso te puede vencer y dejarte totalmente en la ruina.

Desde ahora, sin importar lo joven que eres, debes planificar de manera sabia, acertada y enfocada cada sueño que tengas. De todos los que tengas te recomiendo que dos sean puestos en tus prioridades: tus talentos y tus finanzas.

Sí, lo estas leyendo bien, sueña tener talentos y sueña con el éxito en tus finanzas.

«La vida es como una Ruleta Rusa. Tenemos el poder de tener el arma en nuestras manos. De nosotros dependerá qué hacer con nuestras vidas».

LA RULETA RUSA

SIEMPRE LA GENTE SIENTE QUE LA VIDA es como una montaña Rusa. Y yo creo que esa definición es muy poética. Siempre definimos a la vida con ese movimiento de sube y baja, como las montañas Rusas, a veces nuestras vidas pintan bien y a veces tienen un sabor amargo, pero ahí vamos.

Yo mas bien creo que la vida es como una Ruleta Rusa. Tenemos el poder de tener el arma en nuestras manos. De nosotros dependerá qué hacer con nuestras vidas. La otra comparación que hago es que el disparo con el tambor vacío en la pistola, es decir, sin bala; es el que necesitamos hacer para seguir adelante. El disparo con el tambor del arma cargado es el que nos aniquilará.

Vayamos a describir cada uno de estos elementos con ejemplos simples y entendibles.

«El arma» vendría a ser todos los talentos que tenemos. Te estoy diciendo todos y eso implica los varios talentos que tienes de manera innata en tu vida.

«El tambor» es justamente ese almacenamiento de movimientos y jugadas cotidianas que te alimentan. Todas esas experiencias enriquecedoras que vives.

«La bala» son cada una de las decisiones que tomas. Las correctas y acertadas «te hacen seguir con vida». Las equivocadas e incorrectas «te aniquilan».

Dicho de otras maneras, se dice informalmente que se juega a la ruleta rusa, cuando uno está en una situación en la que sabes que tarde o temprano le tocará pagar las consecuencias y he ahí el gran desafío de nuestras vidas: Pagar las consecuencias.

Y si son consecuencias gratas pues que sean bienvenidas y si son ingratas…¡también!… Que sean bienvenidas… Espera… Un momento… ¿Dijiste también que sean «bienvenidas las consecuencias ingratas»?… Sí… Porque de ellas también sacarás algo positivo.

Hemos crecido en una sociedad que establece que

las «consecuencias de decisiones acertadas» son las que se deben celebrar y las «consecuencias de decisiones desacertadas» hay que «pagarlas».

Nunca nos enseñan que de las cosas negativas pueden surgir cosas positivas y hasta hacernos ganadores únicos.

Pero para que esto suceda, para que las cosas adversas planteen cosas positivas, es importante tener «la actitud», acompañada de una alta dosis de sabiduría y talentos consolidados. Así podremos enfrentar con éxito la vida. Solo con esos elementos en ti podrás enfrentar la Ruleta Rusa con un alto porcentaje de ganar.

«Nunca debes pensar en el cambio como bajar o subir el «switch». Se trata de un cambio de «Chip». Un proceso que debe empezar en tu mente».

SÁCATE EL CHIP

ES INCREÍBLE COMO LOS CAMBIOS SON LOS que más nos cuesta aceptar y realizar. Y es que es natural en el ser humano, sin importar su edad, cambiar no es cuestión de tomar «el switch» y bajar o subirlo y listo. No es tan simple.

Nunca debes pensar en el cambio como bajar o subir el «switch».

Yo creo que se trata de un cambio de «Chip» y eso es un proceso que debe empezar en tu mente, el cual a su vez te llevará a cambios de conceptos y por ende a cambios de actitud.

Recuerda que cambiar el «switch» es simplemente un cambio mecánico, una acción momentánea, muchas veces por conveniencia temporal.

Cambiar el «chip» es una decisión de por vida que te llevará a cambios reales que perdurarán en el tiempo y que incluso afectarán generacionalmente.

Hay una historia que grafica lo difícil que es el cambio de chip, pero que a la larga, trae efectos super increíbles a tu forma de enfrentar la vida. Y de eso se trata la vida, de enfrentar «todo» lo que ocurre a tu alrededor y en tu interior de manera en la que puedas ser un ganador a todo dar. No importa si los resultados son positivos o negativos en cuanto a las decisiones que tomas. Las consecuencias siempre deben llevarte a analizar el lado «ganador» de lo que te ocurre. No todos los hacen. No todos lo logran. No todos piensan así. No seas como todos. Se único. Aunque parezca que estas contracorriente.

«El águila es el ave de mayor longevidad de su especie; llega a vivir 70 años, pero para llegar a esa edad, a los 40 años, deberá tomar una seria y difícil decisión.

A las cuatro décadas de vida sus uñas se vuelven apretadas y flexibles, sin conseguir tomar a sus presas con las cuales se alimenta.

Su pico largo y puntiagudo se curva apuntando contra su pecho, sus alas envejecen y se tornan pesadas y de plumas gruesas. Volar se le hace ya muy difícil. Entonces el águila tiene solamente dos alternativas: morir o enfrentar su doloso proceso de renovación, que durará 150 días.

Ese proceso consiste en volar hacia lo alto de una montaña y quedarse ahí, en un nido cercano a un paredón, en donde no tenga la necesidad de volar.

Después, al encontrarse en el lugar, el águila comienza a golpear con su pico en la pared hasta conseguir arrancarlo. Luego de hacer esto, esperará el crecimiento de un nuevo pico con el que desprenderá una a una sus uñas talones. Cuando los nuevos talones comienzan a nacer, comenzará a desplumar sus plumas viejas.

Finalmente, después de cinco meses muy duros, sale para el famoso vuelo de renovación que le dará 30 años más de vida».

Situaciones similares nos suceden a lo largo de nuestra vida. Hay momentos en que parece que ya hemos dado todo lo que teníamos. Como si hubiésemos agotado nuestra creatividad y que ya no tenemos mucho más que aportar. Nos pasa a cualquier edad. Y no me extrañaría si te esta pasando en este preciso momento.

Sentimos que nuestra vida es gris y que a pesar de estar jóvenes, nos vemos envejecidos. ¡Estamos en el punto de quiebre! O nos transformamos como las águilas o estaremos condenados a morir en vida.

Recuerda que el «cambio de chip» o la transformación, exige primero, hacer un alto en el camino, tenemos que resguardarnos por algún tiempo. Volar hacia lo alto y comenzar un proceso de renovación y cambio. Solo así podremos desprendernos de esas viejas uñas y plumas para continuar un vuelo de renacimiento y de victoria. Y ¿cuáles son esas plumas y uñas de las que tenemos que desprendernos? Son aquellos estilos y costumbres que nos impiden el cambio, que nos atan al pasado, a la mediocridad a la falta de ánimo para enfrentar nuestros sueños y ese «mandar a dormir» nuestros talentos.

También puede tratarse de resentimientos, complejos que nos nublan la capacidad de ser objetivos con nosotros mismos. Solamente libres del peso del pasado y del presente, podremos lograr el cambio de chip que nos llevará a la conquista de los sueños.

Los budistas dicen: «Despréndete de tus máscaras, de todo lo que te impida ver tu verdadero rostro en el espejo. Aquello que te separe de lo que realmente eres».

«Tú tienes no solo uno sino varios talentos y cada uno de ellos tienen un valor inmensurable, inmedible, único, especial; que te hace una persona «distinta y diferente» a los demás».

BÚSQUEDA ONLINE

¡EY MAURO! ¿DÓNDE ES QUE PUEDO encontrar más información del tema? –me gritó desde la sala Pablo, mientras yo jugaba en el Play Station.

–¡En la computadora!… ¿Qué te pasa brother? Entra a Google Search y listo. –Replique en fracción de segundos.

Y es que en estos tiempos, como dirían muchos, si buscas algo solo vete a Google.

Pero hay algo que Google no tiene. Es la búsqueda de tu talento. Eso es algo que es innato en ti. La tarea es buscarlo. ¿Dónde? es la pregunta del millón.

Muchas veces pensamos que hemos nacido sin talento porque, como todo en la vida, te enseñan que los talentos son aquellos que «lucen o brillan más», aquellos que te hacen ser «admirado por los demás».

Pero realmente eso es una gran mentira que solo se ha creado para destruir tus sueños. Tú tienes no solo uno, sino varios talentos y cada uno de ellos tienen un valor inmensurable, inmedible, único, especial; que te hace una persona «distinta y diferente» a los demás.

Encontrar esos «regalos» o «privilegios» es una tarea a la cual tienes que dedicarte desde ahora. Recuerda que nunca es tarde para hacer algo en esta vida.

Quizá una de las formas de encontrar tus talentos, es pensar de manera sencilla en lo que te gusta hacer, en lo cual tienes pasión, en aquello que haces y el tiempo pasa y tú ni lo sientes. De pronto te das cuenta que transcurrió 5 o 10 horas y no hay cansancio, no hay noción del tiempo y de pronto cuando reflexionas en lo que estas haciendo, se dibuja una sonrisa en tu rostro y en tu interior tienes una satisfacción tan sublime que te hace sentir un «ganador».

Otra puede ser quizá en retomar lo que años atrás te fascinaba y que por razones ya antes tratadas en capitulos anteriores, te desviaron o te hicieron dejar «de lado» o «los dormiste».

Pues retomalos ahora mismo. No hay razón para no hacerlo.

Según estudios realizados a personas, sin importar su edad, con «insatisfacción» en sus vidas a pesar del éxito logrado en sus trabajos, en lo económico o en lo social; el 74 por ciento no son felices para con ellos mismos porque en ninguno de sus éxitos han plasmado sus talentos. Todo lo han logrado simplemente porque «siguieron la corriente» y no se dieron tiempo a hacer lo que realmente estaba dentro de ellos.

No seas parte de esa cifra. Mira el otro porcentaje, el 26% de la vereda de enfrente.

«Tus talentos son solo tuyos. Ponlos en acción sin pensar en que quizá es «menor» que el de los demás. Sácate esa idea de la cabeza».

X-MEN SIN HOLLYWOOD

EN EL MUNDO DE LAS HISTORIETAS DE MARVEL, la «Escuela Xavier» para jóvenes superdotados o talentosos, es un instituto educativo para aquellos con habilidades extraordinarias, todo esto dentro de la historia de los superhéroes X-Men.

El centro de instrucción es también conocida como la «Mansión X» y el título de «escuela» es para crear un lugar seguro y discreto para proteger y preparar a sus alumnos que se convertirían en los X-Men que protegerán de fuerzas malignas al mundo y a los propios mutantes.

Sin lugar a dudas una historia fascinante que la quiero revertir en lo que estamos viendo en esta lectura.

Si eres un seguidor o has visto las películas de la

saga X-Men, te habrás dado cuenta que cada uno de los héroes tiene «poderes» o «talentos» únicos. Ninguno mejor que el otro, ni tampoco peor que el otro. Talentos únicos y punto.

Lo mismo pasa en nuestras vidas, somos personas individuales con talentos únicos, no comparables a los de los demás. Cada uno con su fascinación particular.

Ese eres tú, un X-Men fuera de Hollywood.

Tus talentos son sólo tuyos. Ponlos en acción sin pensar en qué quizá es «menor» que el de los demás.

Sácate esa idea de la cabeza.

Siguiendo con lo que te traigo como ejemplo, hagamos un recorrido por la variedad de talentos en los X-Men. Por ejemplo «Profesor X o Charles Xavier», posee grandes poderes psicóticos, incluso telepatía o la habilidad de influir en otras ilusiones, de provocar parálisis temporales físicas y mentales o pérdida de memoria específica y amnesia total. Su principal limitación es una lesión de espalda que le obliga a permanecer en una silla de ruedas. Por su parte Cíclope, otro personaje, posee el extraordinario poder de disparar rayos de energía devastadora por los ojos, con los que puede destruir prácticamente cualquier material. Lleva un visor que le permite controlar las ráfagas con una mayor precisión. Otro es «Wolverin» o Logan, quien posee unos sentidos del olfato, vista y oído propios de un canino, así como un poder auto-curativo capaz de sanar casi cualquier herida. Su esqueleto y sus garras extensibles son de un metal indestructible. Por su parte «Jean Grey», tiene la capacidad de mover objetos con la mente. Posee también poderes telepáticos limitados que le permiten leer el pensamiento de quienes se encuentran a poca distancia. Jean utiliza su don y su genio científico con el fin de hacer del mundo un sitio mejor para todos. Otra de las talentosas es «Tormenta», ella puede invocar a las fuerzas de la naturaleza: es capaz de crear intensos rayos, vientos huracanados y lluvias torrenciales. Finalmente está «Pícara» o «Titania», quien tiene el poder de absorber la memoria y los poderes de otros mediante un simple roce, por lo que debe ser extremadamente cauta. No podría tocar a un ser vivo sin absorber sus recuerdos.

Tal vez te sientas identificado con alguno de estos personajes, pero lo que te quiero decir, es que en la vida nuestros talentos no son comparados a ningún otro. No hay «mejor» o «menos mejor». Son tuyos y punto. Cada uno tiene su valor y cada uno puede enriquecerte y enriquecer a los demás.

Ponte en acción ahora.

Lleva tus talentos a la dimensión en la que necesitan ser puestos, ¡ahora mismo!

«Una de las claves en el cómo puedes despertar tu talento, es creer en ti mismo y en ese algo que esta dentro de ti; que te puede llevar a una dimensión inimaginable».

EL ALIADO PERFECTO

GENERACIÓN TRAS GENERACIÓN SIEMPRE SE ha escuchado la frase: «durmiendo con el enemigo». A mí, de manera particular, siempre me ha llamado la atención a tal punto que no he conocido a nadie que haya hecho eso. Es decir, no he visto a nadie que ha dormido con el enemigo, con el que quizás se convierta en su enemigo en un futuro, puede ser.

Pero mejor demos la vuelta a esa frase y digamos algo así: «durmiendo con el aliado perfecto».

Y es que muchas veces hemos mandado a dormir a ese aliado perfecto. No estoy para decirte o darte una lección de cuales fueron tus razones de mandar a dormir a tu aliado, pero si puedo decirte que ya es hora de despertarlo y ponerlo a trabajar para ti, para tu satisfacción y la de los demás.

Tus talentos son los aliados perfectos.

Cualquiera que fuera o fueran es hora de activarlos. No los postergues más. Es hora de que los pongas en acción y no pierdas mas el tiempo.

Sin importar cual es o cuáles son, debes ponerlos a trabajar a tu favor, para tu beneficio y por una acción inerte, afectaran positivamente a los que te rodean.

A veces pensamos que nuestros talentos son imperceptibles y no es así. Son percibidos por todos. Aunque a veces lo hagan en silencio y ni siquiera notemos que están cautivando, lo están haciendo.

Una de las claves en el cómo puedes despertar tu talento, es sencillo pero complicado a la vez: es creer en ti mismo y en ese algo que esta dentro de tí; que te puede llevar a una «dimensión inimaginable».

Muchas veces el «sistema de vida» te lleva a pensar en que no hay alguien que crea en uno y entonces lo hacemos tan nuestro, tan propio, que terminamos «creyendo» dentro de nuestro «yo», a tal punto que ni nosotros creemos en nosotros mismos.

¡Sacude ese concepto y empieza a creer en tus talentos!

Hay una historia de vida fascinante, que sintetiza lo que es creer en uno mismo, es la vida de Walt Disney, dibujante y productor cinematográfico estadounidense, pionero del cine de dibujos animados, principal creador de la etapa clásica de la animación y fundador de la corporación que lleva su nombre. Aunque no te lo imagines el hoy creador de todo un imperio a nivel mundial, empezó a trabajar de repartidor de periódicos, aunque prefería el dibujo y las historietas.

En 1918, el joven Walt trató de alistarse en el ejército. Como no tenía la edad suficiente, falsificó su partida de nacimiento y, fingiendo haber cumplido los diecisiete años, logró ser admitido como conductor de ambulancias de la Cruz Roja. Sin embargo, cuando terminó su formación, la guerra ya había terminado y su trabajo se redujo a trasladar oficiales.

De regreso a Estados Unidos, consiguió un trabajo de publicista en el Pesemen-Rubin Art Studio, donde desarrolló una amistad clave con el dibujante Ubbe Iwerks. Ambos fundaron en 1920 la empresa Iwerks-Disney Commercial Artists, que resultó un fracaso. Tuvo que trabajar, otra vez, por cuenta ajena en la empresa Kansas City Film Ad, en la que tendría lugar su primer contacto con las rudimentarias técnicas de animación de la época, cuyas posibilidades fascinaron de inmediato a Walt.

En 1922, cuando creyó que había aprendido lo suficiente, Disney fundó la compañía Laugh-O-Gram Films, con la que realizó exitosos cortometrajes basados en cuentos infantiles. Sin embargo, los gastos de producción superaban los beneficios, y al año siguiente tuvo que cerrar. Desalentado, pero no derrotado, Walt Disney se trasladó a Hollywood sin otra idea que llegar a ser director de cine de películas "normales". Por suerte, una distribuidora se interesó por Alice's Wonderland, una de las películas que había producido Laugh-O-Gram Films, y le encargó nuevas películas que combinasen animación e imagen real. Para satisfacer el encargo nació Disney Brothers' Studio (dirigido por Walt y su hermano Roy), que produciría nueve Alice Comedies (Comedias de Alicia), a las que seguiría en 1927 la serie Oswald, el conejo afortunado, un encargo para la Universal Pictures creado por Ubbe Iwerks, que se había unido a los hermanos Disney.

Las series tenían éxito y el estudio iba creciendo con talentosos dibujantes. Un traspiés por los derechos de Oswald lo llevaron a casi perder su naciente empresa, pero no se dejó vencer ante la pérdida del personaje exitoso y buscó una solución, era crear otro personaje y éste fue ni más ni menos que el ratón Mickey Mouse, que con el tiempo sería el emblema de la llamada Factoría Disney. Tras dos intentos fallidos, el flamante ratoncito triunfaría con Steamboat Willie (1928), que fue un gran éxito. Inmensamente popular, los cortometrajes se dieron con rapidez, y en 1930 el personaje pasó al cómic. Los cortos protagonizados por Mickey Mouse se alternaron con una serie de graciosas animaciones musicales titulada Sinfonías tontas.

En 1934, Disney emprendió un proyecto visionario: la producción de un largometraje que iba a ser el primero de la historia de la animación. Nadie se había atrevido a ello por los enormes costos que suponía; de hecho, la industria de la época consideró la idea una locura. Y, efectivamente, a mediados de 1937, el estudio se había quedado sin un centavo. Disney tuvo que pedir un crédito para completar el millón y medio de dólares que costó. Pero ocurrió que, en taquilla, *Blancanieves y los siete enanitos* (1937) generó unos ingresos de ocho millones de dólares. No solamente había acertado como empresario, sino también como artista, porque Blancanieves y los siete enanitos resultó ser además una obra maestra, de altísimo nivel técnico, graciosa sensibilidad y gran soltura narrativa.

Los beneficios permitieron a Disney construir, dos años después, un inmenso estudio en Burbank, y producir, junto a los cortos de siempre, extraordinarias películas conocidas como largometrajes como *Pinocho*, *Dumbo*, *Bambi*, *La Cenicienta*, *Alicia en el país de las maravillas*, *Peter Pan* o *La dama y el vagabundo*. En 1950, Walt Disney tiene una última idea megalómana, la de traer a la tierra su mundo de fantasía con la construcción de Disneylandia, que, inaugurado en 1955, fue lo que hoy llamamos el primer parque temático de la historia.

Más grandioso fue aún el proyecto de un nuevo parque en Orlando, Disneyworld, que no llegaría a ver concluido. Apartado en sus últimos años ya del trabajo directo en la animación y más centrado en los proyectos empresariales, en 1966 se le diagnosticó un cáncer de pulmón y falleció a los pocos meses.

El Mago de Burbank, como se le llamaba a menudo, dejaba un solvente emporio empresarial que aún perdura. Y sus amables películas, repletas de fauna humanizada, siguen todavía poblando la imaginación de millones de niños y adultos.

Walt Disney, el gran creador de fantasías, el que nunca dejó de creer en su talento.

«Es hora que te traslades a la dimensión inimaginable. De ti depende. No es difícíl, solo se trata de ponerte en acción, de nunca dejar de crear y creer en ti».

DIMENSIÓN INIMAGINABLE

CREAR ES IGUAL A PONER EN ACCIÓN TU talento. La creatividad es innata y esta enraizada en el ser humano. No hay persona en el mundo, sin importar su edad, que no tenga una dosis alta de creación. Está presente en cada movimiento, pensamiento, conquista y logro que decidimos aplicar en nuestras vidas.

Lo cierto es que crear es una acción cotidiana que se pierde de vista precisamente por su presencia constante y he ahí su peligro.

Dejar de crear es igual a dejar de vivir. Dejar la creatividad innata a un lado, es dejar de existir.

Pero ¿cuál es el punto de quiebre para recuperar esas ganas de crear?

¡Poner en acción tus talentos!

No se tú pero yo siempre me he preguntado ¿Quién es el hombre más creativo del mundo?

Es difícil aseverar que es un publicista, eso es lo que yo de manera personal pienso. Y me fue difícil llegar a esa conclusión ya que tenía en la lista a Einstein o Newton, quienes investigaron y descubrieron diferentes teorías y aparatos tecnológicos, precisamente gracias a su curiosidad y creatividad, que junto a sus estudios científicos, nos dieron inventos sin los que ahora no podríamos vivir.

Sin embargo, esa creatividad iba enfocada rumbo a otras direcciones y con otros intereses.

¿Por qué un publicista?, aquí va mi explicación:

«Cuando en la publicidad empezaron a hacerse campañas más elaboradas que buscaran conectar con los consumidores, el producto dejó de importar y lo primordial fueron esas campañas publicitarias que lograran transmitir lo que un solo producto en pantalla no lograría jamás.

Los publicistas dejaron de interesarse en mostrar los atributos del producto para darle paso a convertir ese producto en algo esencial, en lo que muchos denominan «una falsa necesidad» y en algo que le diera al otro una ilusión de felicidad.

David Ogilvy, considerado el padre de la publicidad, cambió cómo se hacían los anuncios y los objetivos de los creadores, fue fundador de Ogilvy & Mather, cuyo rígido pensamiento ha logrado que hasta la fecha, sea considerada una de las mejores agencias a nivel mundial.

Aquí viene la lección de por qué no debes dejar «dormir» tu creatividad. El gran padre de la publicidad, a los 38 años estaba desempleado y después de trabajos como cocinero, investigador y agricultor, decidió incursionar en el mundo publicitario.

Ogilvy nunca dejó de creer en él, ni dejó de lado su talento, a pesar de estar en una situación desfavorable bajo la óptica de los demás y de lo que la sociedad en general nos enseña. Él no era un ganador común, por el contrario, a casi la mitad de su vida era una persona desempleada, sin muchas posibilidades de alcanzar el éxito.

Pero lo que sí tenía bien en claro era que su creatividad no estaba vencida y que no se iba a rendir ante lo que enfrentaba en su vida. Sin experiencia previa, decidió cambiar los preceptos que hasta ese momento se habían establecido y a través de investigaciones de mercado y una gran cultura corporativa, logró que la publicidad se transformara en lo que ahora conocemos».

Aquí algunas lecciones que el hombre más creativo del mundo dejo y que seguramente te servirán en la vida diaria para cambiar el rumbo de lo que haces y cómo enfrentas tus problemas:

«Desarrolla tus excentricidades mientras seas joven, para que la gente no piense que te estas volviendo loco cuando estés envejeciendo».

«Las mejores ideas vienen como chistes. Haz tus pensamientos tan divertidos como puedas».

«Cuando la gente no se está divirtiendo, no produce un buen trabajo».

«Perseguir la excelencia puede ser menos redituable que perseguir la grandeza, pero es mucho más satisfactorio».

«Motívate en la innovación. Los cambios son la sangre que nos da vida. El estancamiento es nuestra muerte».

«Es importante admitir sus errores antes de que le bombardeen con ellos».

«Las grandes ideas son usualmente ideas sencillas».

«El trabajo duro no ha matado a ningún hombre. Los hombres mueren de aburrimiento. No mueren por trabajar duro».

«Alza tu vista, toma nuevas rutas ¡Compite con los inmortales!».

Es hora de que te traslades a la dimensión inimaginable. De ti depende. No es difícil, sólo se trata de ponerte en acción, de nunca dejar de crear y creer en tí.

«Si nos rompemos la cabeza por el cómo hacer dinero ya iniciamos mal la carrera. La clave es saber qué hacer con el dinero».

THE MONEY MAKERS I

UNO DE LOS GRANDES DILEMAS DE LA humanidad no es qué hacer con el dinero, sino cómo hacer dinero. Y he ahí el inicio del fracaso.

Si nos rompemos la cabeza por el cómo hacer dinero ya iniciamos mal la carrera. La clave es saber qué hacer con el dinero.

Y es que la teoría es elemental. Solo basta observar a tu alrededor y la forma de hacer dinero tiene mil caras, dentro de legal y hasta de lo ilegal, pero saber qué hacer con el dinero, eso colinda con la sabiduría, disciplina y fuerza de voluntad.

Quizá estas palabras suenen un poco cursi pero es una realidad latente.

Aún recuerdo de niño cómo mi padre y mi madre me enseñaban a poner moneditas en un cerdito… era una alcancía. Ahí me dijeron debería acumular todo mi dinero y al final del año podría comprarme lo que quisiera.

No es por criticar a mis padres, pero esa enseñanza no fue nada buena ni útil para mí. ¡Me mal formó!

Y es que hoy en día son más las personas que se formaron de esa manera: ¡si tengo dinero compro lo que quiera!

Esta teoría tiene una realidad irrefutable: ¿hay más ricos en el mundo que personas de clase media y pobres?… La respuesta es no. Sabías que solo el 0.5% de la población, de más de 6,500 millones de personas, son ricas.

Pero más del 70% de la población tuvo la posibilidad de tener dinero entre sus manos, ya sea por el trabajo, negocios e inversiones. Hasta por ganarse la lotería. Pero solo el 0.5% es rico.

Eso me llevó a una investigación poco tradicional y te la quiero explicar con frases cortas.

Primero, debes sacarte de la cabeza que ser millonario es imposible. Te sorprenderás si te dijo que es menos complicado de lo que parece.

Segundo, mira estos ejemplos y entenderás de lo que estoy hablando. Si ahorras 415 dólares al mes cuando estás en tus 20 años de edad y logras una rentabilidad anual del 6%, estás en el buen camino para lograr esa meta. Si empiezas a ahorrar cuando estás en los 30 años de edad, necesitarás 651 dólares al mes para convertirse en millonario a los 60. Mientras que si comienzas a los 40 años, la cifra que necesitarás mensualmente para alcanzar ese objetivo será de 1.300 dólares.

Tú que eres joven, no lo veas como una tarea difícil de hacer. Recuerda que la disciplina te llevará a esa meta. Pero también recuerda lo que hemos hablado en capítulos anteriores, los sueños demandan acción.

¡Manos a la obra. De ti depende!

THE MONEY MAKERS II

VOLVERTE MILLONARIO ES UN TEMA QUE para muchos sea tabú. Decir que esto puede lograrse a los 30 años de edad parece más como una fantasía. No debería ser así, ya que esto es posible.

Pero, cómo lograrlo. Mi objetivo es que tú cambies la manera de pensar como joven. Y el tema del dinero es algo que debes tomarlo seriamente. Es la mejor manera de enfrentar el futuro.

Quiero que empieces a ver este tema como vital para tu futuro y de los que vengan contigo.

Sigue el dinero.

Hoy en día no puedes obtener el estatus de millonario como un título nobiliario. Es decir no te lo regalarán, tendrás que trabajarlo de manera estratégica y disciplinada.

Si tienes un trabajo, el primer paso es enfocarte en aumentar tus ingresos. Empieza a seguir el dinero y eso te obligará a controlar tus ingresos y ver oportunidades.

No presumas, preséntate a trabajar.

Las personas que se hicieron millonarias no compraron su primer reloj de lujo o automóvil hasta que sus negocios e inversiones estaban produciendo múltiples flujos seguros de ingresos. Eso es una historia que se repite en cada millonario que logró con esfuerzo ese estatus. Sé reconocido por tu ética laboral, no por las cosas que compres.

Ahorra para invertir, no ahorres por ahorrar.

Mentalízate con esto, la única razón para guardar dinero es para después invertirlo. Ponlo en una cuenta segura e intocable. Nunca uses estas cuentas, ni siquiera para una emergencia. Esto te forzará a seguir el paso número uno que es seguir el dinero.

Evita las deudas que no te pagan.

Yo pedí prestado dinero para un automóvil solo

porque sabía que podía aumentar mis ingresos. La gente rica usa las deudas para aprovechar las inversiones y hacer crecer sus flujos de efectivo. La gente pobre usa las deudas para comprar cosas que hacen más ricos a los ricos.

Trata al dinero con muchos celos.

Millones de personas desean libertad económica, pero solo aquellos que lo hacen una prioridad tienen millones. Para ser rico y seguir así tienes que hacerlo tu prioridad. Si lo ignoras éste te ignorará o peor, te dejará por alguien que sí lo tome como prioridad.

El dinero no duerme.

El dinero no conoce los relojes, horarios o vacaciones y tú tampoco deberías. El dinero ama a la gente que tiene ética laboral. Nunca trates de ser el más inteligente o la persona más suertuda, solo asegúrate de trabajar más que los demás.

Ser pobre no tiene sentido.

Yo he sido pobre y es desagradable. Tenía para vivir de cheque a cheque y eso también apestaba.

Bill Gates dijo «Si naces pobre, no es tu error. Pero si mueres pobre, es tu culpa».

Nunca te conformes con lo que lograste.

El mayor error financiero es no pensar en grande. No hay escasez de dinero en este planeta, solo una escasez de gente que no piensa en grande.

La filosofia de los money makers o hacedores de dinero se resume en esto:

-Aplica estos pasos y te harás millonario.

-Haz a un lado a la gente que dice que tus sueños financieros son por avaricia.

-Evita los esquemas de hacerte rico rápido.

-Sé ético, nunca te rindas y una vez que lo logres, ayuda a los demás para que lleguen ahí también.

Muchas de estas ideas fueron extraídas de la filosofia de vida de Grant Cardone, experto internacional de ventas y autos de diversos libros como *Sell to Survive*; *The Closers Survival Guide*; *If You're Not First, You're Last*; *The 10X Rule*; y *Sell or Be Sold*. Cardone es propietario de múltiples empresas en Estados Unidos de Norteamérica...

«¿Qué no sabes hacer? Y mi respuesta siempre es la misma: Lo que aún no me he propuesto aprender.»

LA FUERZA QUE HAY EN TI

NO QUERÍA DEJAR PASAR ESTA OPORTUNIDAD para decirte que la fuerza esta en ti. No importa qué edad tengas, Si eres joven o mayor, esta verdad debes aplicarla. Cree en ti. Solamente en ti.

Cuántos de nosotros nos levantamos por obligación cada día, a la misma hora y vas a estudiar o trabajar en algo que no te gusta y te lo repites una y otra vez: «es lo que hay, mientras paguen vendrán tiempos mejores».

Pero los años van pasando y nunca llegan esos tiempos mejores.

Pongámonos en la mejor situación de la vida de ensueño que nos venden desde pequeños: terminamos nuestros estudios con buenas calificaciones y encontramos un trabajo estable de ocho horas con un sueldo que te permita pagar tu alquiler o hipoteca, tener tu perro, tu gato, tu televisor gigante, tu teléfono de última generación, tu auto de lujo y de pronto reflexionas en todo esto y te quedan 40 o 50 años de vida y con lo mucho podrás aspirar a tener una semana de vacaciones al año, y ahorrar para cuando te jubiles y luego no puedas disfrutar ese dinero, porque eres demasiado viejo para disfrutar de todas aquellas cosas que tenían que llegar y ahora todo te da pereza.

Es que no debes estar hecho, y yo no lo estoy, para esta vida en la que la mayoría de personas que conozco están muertas en vida, que lo único que les motiva a levantarse por las mañanas es las facturas que tienen que pagar.

Luego los padres con el discurso de «que harás cuando seas mayor» o «déja ya tus tonterías, ya podrás hacer lo que quieras cuando puedas pagar tus gastos y tus propias cosas» o «tienes que ser una persona de provecho».

Bueno, ahora eres un adulto, has hecho todo lo que se supone debías hacer para vivir bien y de pronto te reencuentras con un amigo que hace mucho no veías y te pregunta: «hey que tal, ¿qué es de tu vida?»

Estoy seguro que tu le respondes sin pensar: «pues nada, estudiando, trabajando… lo de siempre».

Tanta gente se siente vacía. Quizá te sientes perdido a tal punto que no sabes qué camino tomar y comienzas a desarrollar esa angustia que te carcome tus emociones porque el tiempo pasa y tienes que decidir si seguir estudiando, que carrera profesional elegir para hacer mucho dinero, o si te pones a trabajar ya y así lograr tener el futuro que quieres.

Pero, ¿cuál es el futuro que quieres?

No me digas que es el que te han metido en la cabeza desde muy niño. No.

Yo me refiero al que tú desearías para tí.

Una de las preguntas que más me hice a lo largo de mi vida es esta: ¿Qué no sabes hacer?

Y mi respuesta siempre es la misma: «Lo que aún no me he propuesto aprender».

Por una sola vez en tu vida, trata de ser sincero contigo mismo, a que te dedicarías si pudieras elegir cualquier oficio sin importarte nada mas esto: «hacer lo que deseas».

Quizá serias cajero de un supermercado, mozo de un restaurante, emprendedor... en fin.

Lo que sí creo es que ser dependiente de un

empleador toda tu vida de seguro no es lo que quisieras en tu vida.

Me imagino que quizá quisieras ser chef de tu propio restaurante, músico, cantante, escritor, deportista profesional, dueño de tu estudio de tatuajes, no sé, quizás trabajar viajando por el mundo.

Y seguro que tienes un montón de ideas y sueños que no llevas a cabo por el qué dirán, porque tus padres prefieren que hagas otra cosa y te pones excusas y más excusas, diciéndote a ti mismo: «me falta dinero», «me falta medios para desarrollar mis ideas y mis talentos».

Pero en realidad te pasa lo que le pasa a muchísimas personas. Lo que tienes es miedo. Miedo a fracasar.

Dicen que la paciencia es madre de cualquier ciencia. Pero te aseguro que el tiempo corre sin importar lo paciente que seas.

Mucha gente se sienta «a esperar su tren» pero cuando llega no saben reconocer si es el suyo y se quedan en el anden mientras ven cómo se cierran las puertas, dejando una herida abierta. Y cuando quieren reaccionar y quieren no haberse quedado sentados sin hacer nada y no abordar su tren, se dicen a sí mismos, volverá a pasar otro tren. Seguiré esperando.

Pero el tren jamás vuelve a pasar.

Hay una estrofa de Rubén Darío, que mi abuela solía recitar con gran lucidez que dice:

> «Juventud divino tesoro,
> ya te vas para no volver,
> Cuando quiero llorar no lloro
> y a veces lloro sin querer»

Si tienes un sueño lucha por él ahora. No esperes un futuro que ni siquiera tu sabes si existe. No sigas los consejos que intentan darte clases de cómo triunfar en la vida cuando ellos han fracasado.

Fíjate en lo que hicieron mal, para no cometer esos mismos errores.

Alguien dijo una vez, «solo podrás hacer realidad tus sueños si cuando llega la hora, sabes estar despierto». Tiene sentido ¿no?

Sé, por experiencia, que nadar contra la corriente es muy frustrante. A veces, habrán momentos que todo querrás mandarlo al recipiente de la basura.

Pero dime qué es lo que realmente sientes cuando te hablas en frente del espejo e intentas mentir a tu reflejo, poniéndote ese disfraz de otro clon mas, con miedo a tomar las decisiones importantes para tu vida. ¿No te has sentido siempre raro, extraño, como si hubieses parado y bajado en la estación de tren equivocada?

Si de verdad sientes que el que esta frente a ti estacionado, con las puertas abiertas, es tu tren; no esperes que se cierren las puertas.

Si sigues luchando por lo que quieres, la alarma que tienes dentro de ti va a sonar tarde o temprano.

Si tienes miedo a caminar, pues fabrica tus alas, aprendes a volar y a decir adiós.

Porque lo sabes. Sabes que lo único que realmente quieres es ser libre hasta el día que cierres los ojos por última vez.

Tienes que dejar de esperar a que ocurra un milagro porque nadie, nadie, va a venir a tocar a tu puerta.

Busca dentro de ti. Solamente tú sabes lo que realmente quieres.

Impreso en Estados Unidos
para Casasola LLC
Primera Edición
MMXIX ©

www.ingramcontent.com/pod-product-compliance
Lightning Source LLC
Chambersburg PA
CBHW020950090426
42736CB00010B/1357